TAVARES<KAWASAKI<<RA
14 04 97
FAELA<<<<<<<<<<<<
BRA
CB011613

memórias de água

memórias de água

RAFAELA TAVARES
KAWASAKI

BORDADOS DE LUCÍ A GUERRA

COORDENAÇÃO EDITORIAL Bárbara Tanaka e Guilherme Conde Moura Pereira
ASSISTENTE EDITORIAL Juliana Sehn
BORDADOS E ILUSTRAÇÕES Lucí A Guerra
FOTOGRAFIAS Acervo pessoal de Rafaela Tavares Kawasaki
PROJETO GRÁFICO E DIAGRAMAÇÃO Bárbara Tanaka
DIGITALIZAÇÃO DE ILUSTRAÇÕES Helena Peixoto
REVISÃO Caroline Bigaiski
COMUNICAÇÃO Hiago Rizzi e Juliana Sehn

DADOS INTERNACIONAIS DE CATALOGAÇÃO NA PUBLICAÇÃO (CIP)
Bibliotecário responsável: Henrique Ramos Baldisserotto - CRB 10/2737

K22m Kawasaki, Rafaela Tavares
Memórias de água / Rafaela Tavares Kawasaki; ilustração Lucí A Guerra. - 1. ed. - Curitiba, PR: Telaranha, 2025.

112 p. : il.

ISBN 978-65-85830-16-4

1. Poesia Brasileira I. Guerra, Lucí A II. Título.

CDD: 869.91

Índices para catálogo sistemático:
1. Poesia : Literatura Brasileira 869.91

TELARANHA EDIÇÕES
Rua Ébano Pereira, 269
Centro - Curitiba/PR - 80410-240
41 3220-7365 | contato@telaranha.com.br
www.telaranha.com.br

Impresso no Brasil
Feito o depósito legal

1ª edição
Fevereiro de 2025

a meus pais
pelas memórias emprestadas

sumário

memórias de água

eu me lembro da água
meu corpo
um maço de carne elástica
dois anos e meio de peso
paira no limiar
entre molhado e seco
boias sustentam os tendões
infladas de vermelho vivo
como os sopros engarrafados
nos balões de festa
e nas bochechas de crianças

dou braçadas
pequenas revoadas de garça
na piscina comunitária
nadadores adultos
levantam ondas ao redor
mas não ouço voz de gente
a água embrenha orelha adentro
para abafar barulhos
faz imitações do resto de mar
no fundo de uma concha

apesar dos corpos em esquadra
não guardo medo de naufrágios
ou afogamentos
é tarde de domingo
sinto minha mãe com meu sonar
de menina-submarino

navegar ao seu lado
acalma nervos soltos
desperta sensações residuais
da vibração pantanosa
da vida em útero
o que habitei
e o que me habita

tempo verbal

para as memórias
o tempo verbal é sempre
o presente

hipocampos

como cavalos-marinhos
hipocampos intracranianos
nadam lado a lado
o mesmo par a vida toda
embora nunca se encontrem
para acasalamentos ou tangos

ocupam esconderijos
simétricos paralelos
nos lobos temporais
comunicam com as memórias
um desejo triangulado

alcançam a maturidade
quando bebês engatinham
e transferem para a boca
lego moedas brincos besouros
tesouros do assoalho de casa

fetos são desmemoriados
e você não conserva
lembranças dos anos primários
tudo o que vem antes é mistério
mais impermeável que o futuro

decolagens e aterrissagens

cruzo oceanos
quatro vezes na vida
entranhada na classe econômica
dos ônibus aéreos
transito a doze mil metros
acima do mar

sou tantas vezes
um ponto perdido
entre retas e paralelas
que me desoriento
do meu lugar no mundo
eu me diluo
na água salgada
que separa
congonhas-washington-narita
narita-paris-congonhas
guarulhos-los angeles-narita
haneda-munique-congonhas

juntos meus retratos
fazem ciranda
nas folhas do passaporte
registros de um corpo transitório
criança de colo
garota em idade escolar
adolescente as formas indecisas
e enfim mulher

chuva

a cada volta ao brasil
o solo me acolhe
em dias de chuva forte

farejo água e terra
nas bocas de lobo
transbordadas
no barro moldado
em filtros são joão
nas notícias de afogamentos
uma família inteira
arrastada na enxurrada

inalo mexilhões e aguapés
nos cabelos da moça desaparecida
nado com o corpo afogado
no ribeirão que abastece
os encanamentos da população
os da minha casa

engulo goles de barro
no tietê
meu quase túmulo
onde descubro nos braços
o sentido de correnteza
e nos pés
o significado de profundo

aspiro cheiros de quintal
na argila molhada
agarrada em minha pele
até nos confundirmos
a terra a água e eu

inundação

meu casarão da memória
abriga jardins inundados
meu sujeito se afunda no lodo
congregado com a água
ela e suas variações
sobre o mesmo tema
piscina rio mar neve lágrima
ela e sua presença
no sangue barro placenta frutos
no alagamento
dos meus sentidos

cérebro

cérebro é matéria tenra
três quartos feito de água
percorro as depressões
de seu relevo cinza
com as pontas de cânions
nas digitais

quero minar com o tato
memórias submersas
afundar dez dedos
na massa pálida
como meninas teimosas
brincando com gelatinas coloridas
nas mesas dominicais

sou igual às forquilhas e aos pêndulos
que ajudam a encontrar
aquíferos subterrâneos
para matar a sede
de quem pratica a tradição
da rabdomancia

melancia

comida dada na boca
de criança migrante
tem gosto de casa e unção
reconheço na oferenda de paz
entregue por vizinhos japoneses

uma fatia de melancia
fruta com nome de água
quando engulo me transforma
em criança do bairro
menos visitante
menos gente de fora

até esqueço que os vizinhos
me chamam de forasteira
e furam os pneus
das nossas bicicletas
enquanto dormimos
nas noites da casa velha

sou adotada num pacto
de mordidas de leite
irrigado aos goles de um suco
que adoça palmas e dedos
com vermelho aguado
para selar um novo batismo

umami

cérebro tem o gosto
da comida que você
tempera com ajinomoto
os neurônios comungam
pequenas doses de glutomato
por isso memórias
não são doces nem amargas
nem salgadas
é para elas que
os cachorros de pavlov
salivam e mostram os dentes

arrozais

cresço em casas japonesas
construídas sem quintais
cercadas por arrozais molhados
onde moram tropas de sapos
eles dilatam a tarde
com alarmes e anúncios
idênticos aos taikos de guerra

meu irmão e eu
vivemos em claustro
proibidos de cruzar
portas e janelas trancadas
sem a companhia de adultos

mas violamos decretos
para explorar o território
dos arrozais alagados
de onde colhemos
pequenos ramos
e apostamos maratonas de dois
os sapatos encardidos de lama

percorremos perímetros
distraídos dos medos
pelas pipas de carpas
à deriva no vento
pelos desfiles de gatos
abandonados e de crianças

vestidas de marinheiras
fazem filas ariscas
rostos pequenos falantes
indiferentes como nós
aos resíduos do pesticida
inoculado nos arrozais

todos afiamos os olhos
para desviar das cobras
que saltam da superfície escura
para enroscar nas pernas
e dos homens
que perseguem crianças
para mostrar
tentáculos flácidos

esquecemos os perigos
maravilhados ao ouvir
o espelho d'água carregar
para o outro lado da rua
os sons de nossos risos
ecos expandidos
num timbre de cristal

são nossos ritos mágicos
por eles estamos dispostos
a enfrentar juntos
os xingamentos
de vizinhos agricultores
cansados de trabalhar
enquanto crianças brincam
de caçar tesouros antigos
nos arrozais

neve

tento segurar minha primeira neve
numa lata de café com leite
com um ímpeto que é primo
das crianças japonesas
que erguem redes verdes
para capturar libélulas vermelhas
e besouros-rinoceronte marrons

quero guardar o enxame
dos flocos em queda livre
no interior de um vaso
ou de uma bola de natal
mas o calor revela
que os cristais de neve
como as memórias e a água
são formados
por matéria fugitiva

quando chego em casa
arranco as botinas e a jaqueta
cobertas por estilhaços de degelo
deixo pelo chão da sala
uma trilha de lesma
que faz minha mãe gritar

o corpo do boneco
erguido por meu pai
no estacionamento do prédio
vive poucas horas

de uma vida curta
o sorriso de cascalhos
desmorona no branco

é como um rosto
derretido por ácido
num filme de terror
ou como o meu nos pesadelos
das noites com restos
de sede nos dentes

sobram só olhos de maria-mole
e o serrilhado da arcada dentária
les yeux sans visage
eyes without a face

acordo e pergunto
se alguém ainda amaria
meu rosto se não fosse
a água contida na pele
a água escoada nos ossos
a água nos canais da memória

barro

sou menina perdida
no meio de um parque
lotado de máquinas
de bonecos e de turistas

fujo depois de ouvir
uma mulher prometer
que monstros de tokusatsu
levantarão do lago
para mastigar e digerir
braços e pernas
das crianças malcriadas

faço trincheira
escondida no barro
viro uma sentinela
instalada nas sobras
de uma massa que já foi
metade chuva metade terra

minha companhia
é um formigueiro
que morde sem cessar fogo
as tiras de pele
entre brechas de couro
da sandália nova
que eu amei
e não amo mais

me arrasto dali
a voz drenada pelo choro
até encontrar na multidão
as mãos dos meus pais
que me acolhem
com um tapa seco
antes do abraço

mesmo depois crescida
me angustia a memória
da vida que teria
se desaparecesse para sempre
em um parque de diversões
em um país que não o meu

traumas de infância
têm a mesma composição
das criaturas nascidas
no terror noturno
reconheço em ambos
meus frequentadores
mais assíduos

a tristeza dos animais aquáticos

1.

nas memórias de infância
percorro terrenos de um zoológico
o peito inflado pela pressa
para chegar na lagoa
habitada por um hipopótamo
duas toneladas de promessa
atrás da turbidez pantanosa
só orelhas e olhos à deriva
feito a visão do periscópio
de um submarino russo

vive uma vida restrita
vinte e seis anos solitários
no mesmo território retangular
morre enjaulado ao mastigar
pedaços de um pneu velho
atirados na margem do lago
nunca se soube por quem

2.

nas vitrines de vidro blindado
vejo o azul marcial
uma imitação de subártico
onde famílias de belugas
nadam feito fantasmas
vultos que assombram
os sonhos da minha juventude
meses depois do passeio
pelos aquários do parque

nas lembranças de cativeiros
todos os animais de água
têm contornos de tristeza
não sei se pela claustrofobia
em suas nadadeiras
ou pela infiltração
das impressões de hoje
nos meus olhos de ontem

aranzio

1.

no púlpito do anfiteatro
giulio cesare aranzio
descobridor dos hipocampos
retalha corpos despidos
debaixo da gola plissada
tem olhos e narinas
preenchidos por matéria morta

para alimentar teatros anatômicos
médicos recomendam a autópsia
às famílias em luto
mas recorrem a ladrões de túmulos
quando os cadáveres entregues
não são o suficiente

será que aranzio
tem cheiro de roubo
na mão e no bisturi
quando descortina substratos
de uma cabeça aberta
e encontra o hipocampo?

2.

impressionado pelas gravuras
em um tratado sobre animais
aranzio fica indeciso se empresta
à figura encurvada no cérebro
o nome cavalo-marinho
ou o apelido de bicho-da-seda

sabe que nomes importam
para a memória
pois não carrega
o jacopo do pai
nem o maggi da mãe
mas aranzio
um nome com aroma
de laranjas frescas

aranzio nasce em bolonha
mas fala e escreve e pensa
no latim dos homens cultos
e no busto de pedra branca
que sobrevive ao seu corpo
é denominado julius caesar arantius
como se fosse o senador
de uma roma perdida

3.

aranzio não entende ainda
que aquele seu hipocampo
processa memórias
mas quando corta e pinça
o crânio aberto
talvez se lembre
do livro de santo agostinho
e pergunte a alguém se chegou
aos amplos palácios da memória
onde se guardam tesouros
desenterrados pelos sentidos

aranzio descreve a forma
do hipocampo intracraniano
num livro batizado
de humano foetu liber
dois anos antes de morrer

não relata nem ilustra
a coreografia dos instrumentos
e os movimentos finos da mão
nem o nome da dona
da massa encefálica

sacrificada no ritual
para sabermos
que guardamos
no estuário da cabeça
um par de cavalos-marinhos

se meu hipocampo
tivesse outro nome
será que minha memória
seria menos aquática?

Coca-Cola

eletricidade

o sistema nervoso
é um sistema elétrico
as sinapses precisam
de dois neurônios
para transmitir
os impulsos da memória

enroscam dedos estrelares
feito minha mão
e a das pessoas
que me emprestam
faíscas de vida e de morte

empréstimo

1.

minha mãe é um anjo
atropelado de manhã
distraído pelas asas
de outra catequista
mais de ave que as suas
montadas por minha avó
com algodão e cartolina
nenhuma penugem de bicho

não é sua primeira
quase morte
muito menos a última
desde cedo é daquelas
que renascem
apesar dos pesares

2.

minha mãe é um peixe
cabelos verdes
do cloro de piscina
em dias de verão
emerge das águas
só para ver o fogo fátuo
perambular feito busca-pé
nas artérias do cemitério
separado da casa
por um muro baixo

assiste à vida doméstica
e à morte
morarem em terrenos
lado a lado
como irmãs
que dormem na mesma cama

3.

quando sara do rim inflamado
minha mãe inunda as mãos
com punhados de sal
roubado da mercearia
e lambe sem ninguém ver
a saudade calcificada
da comida temperada
interditada a meninas doentes

minha mãe luta
com outras crianças
em rinhas montadas
pelo primo mais velho mais forte
ali recebe pancadas
sem tremer as pálpebras
para não ser nunca mais
chamada de fraca ou doente

mas longe dali chora
quando seu pequinês sangra
alvejado por tiro
de chumbinho
e ama mais o cachorro
quando descobre
que assim como ela
ele é daqueles
que renascem
apesar dos pesares

4.

quando minha mãe prevê
a morte da avó
entende que seu crânio
é solo fértil
onde germinam
prenúncios e profecias

engana-se quando acredita
na fantasia de ser feliz
na capital cor de fome
uma cidade cheia de dentes
feitos para mastigar
garotas pequenas
pela barriga

quando volta para casa
desce do ônibus
mais magra que a bagagem
vazia de roupas sapatos
e memórias boas

5.

minha mãe me empresta tanto
suas memórias
que as confundo com as minhas
são gravadas em meu corpo
a queimaduras
de uma voz acastanhada
pelo toque do marlboro light
um maço e meio por dia
às vezes dois

mesmo antes de resgatar
seus retratos perdidos
enxergo a cabeça de diamante
a franja curta sobre os olhos
se eu dobrasse a esquina
avistaria seu rosto maquiado
de batom salmão e sombra verde

seu salto vagueia
pelos ladrilhos varanda
está à espera da carona
para o baile do havaí
onde sou sua amiga
e corro ao seu lado
em rodopios
de cabelos e saias
estando lá
sem estar

desconhecidos

1.

pessoas desconhecidas
guardam em minhas
conchas auriculares
memórias aquáticas
como se a água em mim
invocasse a água neles
em um mecanismo
de coesão e adesão

2.

daniel sonha com afogamentos
volta ao tempo dos mergulhos
para espiar túneis abertos
por famílias de acarás
na encosta submersa
fazem pequenas grutas
batizadas por pescadores
pelo nome de locas

quando sonha daniel
prende outra vez
o braço esquerdo
nas casas de peixe
como no dia
da quase morte na água
acorda com restos
da correnteza e algas
presos na garganta

nos sonhos tudo é memória

3.

simone acredita
que sobreviver à queda livre
no poço de água
quarenta metros subterrâneos
a transforma
em uma nova mulher
um corpo habilitado
para resistir
ao que der
ao que vier

4.

também cultivo memórias
de quase morte na água
que empresto a desconhecidos

me debato no rio bravo
enquanto amigos bêbados
riem e batem fotos
e eu brigo na correnteza
para achar um fundo onde pisar
onde fincar os dedos

na tranquilidade acrílica
do banheiro velho
sou adormecida pelo vazamento
do gás encanado que
em fuga sobre o ofurô
se infiltra nas vias respiratórias
até tingir meu rosto de cinza

os lábios arroxeados
de um luto anunciado
contradizem o resto do corpo
cada curva ainda quente e vibrante
da imersão na banheira cheia

mas juntos
desconhecidos e eu lembramos
que nossas quase mortes na água morna
são também renascimentos

desmemoramento

antes de morrer
meu avô paterno
se faz passageiro
de um trem
como tantos outros na vida
para então se extraviar
do nome da estação
onde desembarca

é encontrado
num quarto de hospital
sem reconhecer
o caminho de volta
ou o rosto do filho
sem mais saber
se havia tomado banho
ou comido a última refeição
sem decidir
se havia sido
um bom homem
ou um homem mau

mãos

para mim
contas de rosários
não recitam mistérios
revelam em clarões
as mãos da minha avó

gotas de plástico
separam imagens
da memória
por imantação

vejo entre elas
as falanges ásperas
unhas rosadas
pequenas conchas
pele manchada de sol

estão nas tintas acrilex
nos panos de prato
nas fraldas de tecido
na divisão do feijão
nos retalhos costurados
nas colchas e tapetes

nas massas retorcidas
nos beliscões e nas fatias húngaras
no coador de café
nas queimaduras e cortes
no fósforo e no pavio

nas velas brancas acesas
nas quedas de energia
nos ritos de novena

são mãos pequenas
cheias de calosidade
transportam muito calor
pouco ou nenhum esmalte

após a combustão de gestos
o tempo e a memória
cansados de trabalhar
estancam músculos e ossos

decidem quando é a hora
de trançar cordas de amarração
fibras feitas para prender
os gestos febris de oração
e as mãos das nossas avós

cena em uma cozinha brasileira

fade in:
cozinha de uma avó – int.
entardecer

a cena se passa numa casa
o vidro âmbar nos pratos duralex
o jogo de talheres tramontina
e as toalhinhas de crochê gasto
não deixam mentir
é uma cozinha brasileira

ouvem-se murmúrios opacos
veem-se gestos secos
os filhos adultos
brigam escorados
nas contas vencidas –
a mãe esqueceu de pagar

debatem para decidir
o culpado
a pobreza
a demência
a negligência de um filho
ou o descaso da outra

dedos apontam rostos
erguidos no mormaço
rasgam o ar de um dia quente
numa cidade do interior

numa estação sem vento
zoom in:
o rosto da mãe
rasgado de envelhecimento
os olhos furtivos
fogem das sílabas frias
nas vozes humanas

zoom out:
as pupilas espremidas
se comunicam apenas com a pia
agarram a torneira seca
para falar com ela
na língua da sede

ginkgo biloba

para melhorar a memória
há quem abarque na língua
um punhado de ginkgo biloba
duzentos e quarenta gramas de pó
ao longo do dia
absorvem na mucosa da garganta
a promessa de dilatar vasos
para limpar o sangue
e liberar neurotransmissores

confiar no ginkgo
é confiar em uma árvore
erguida há duzentos milhões de anos
é chamada de fóssil
mas um fóssil-vivo
troncos que sobrevivem
sem desmaios ou feridas abertas
à detonação atômica
no solo de hiroshima

embora o ginkgo seja conhecido
pelas folhas medicinais
sua madeira está em casas e museus
entalha esculturas
arcadas de portas
forma barris das adegas
onde se conserva o saquê
para pequenas doses
de entorpecimento
de esquecimento

novelos

nem sempre
é esvaziamento
ou apagão
a perda da faculdade
de lembrar

o corpo fia um punhado
novelos de proteínas
para alastrar
em emaranhamentos
e os espalhar
crânio adentro

faz ataduras
arreios
nós de marinheiro
forcas
confina lobos
até atrofiar

prende os braços
das sinapses
com camisas de força
sequestra nomes
caminhos e rostos

e os mantém
amordaçados
em quartos

e masmorras úmidas
inacessíveis a você

só há tanta violência
no esquecimento
porque a dor
de deslembrar
é a dor
de um estrangulamento

fotografias

1.

tento preservar imagens
na câmera polaroid
mas aos dez anos desconheço
que fotos instantâneas
são suportes desleais

capturo réplicas
de passeios na neve
campos de tulipas
rios desviados
leões de pedra nos templos
faço autorretratos

todos somos atacados
por desbotamentos
pela desmarginalização
dos álbuns
e porta-retratos

olho as molduras
e não sei mais dizer
o que é rosto
o que é estátua
o que é água

2.

não sei dizer
se os álbuns de família
na verdade são catapulta
de recordações enterradas
ou fabricantes de
fantasmagorias
entre filhotes de memória
feito parasitas de ninhadas

3.

escolho acreditar
nos rostos que sorriem
nas fotos que guardo
testemunhos de que
apesar
dos tapas e empurrões
dos anúncios de ida
sem promessas de volta
as pessoas que habitam
as páginas dos meus álbuns
estão felizes juntas

4.

outra prova da confiança
nos registros fotográficos
é que revisito numa simulação
de tridimensionalidade urbana
fotografada pelo google
todas as ruas percorridas
nos velhos dias
que alívio reencontrar
uma fachada
intacta

acolho a paisagem fotografada
como a comprovação
de que continuamos
salvas dos desabamentos
as casas a memória e eu

matsushima

quem dera minha memória
se tornasse indomada
como os telhados nos bairros
japoneses onde cresci
em pé apesar das décadas
e dos bombardeios aéreos
setenta por cento demolição
setenta por cento reconstrução

torço para que os hipocampos
dentro do meu corpo
sobrevivam ao assoreamento do tempo
como a paisagem de matsushima
que visito na adolescência
e permanece imutável
depois do maremoto

tem a mesma baía
as mesmas duzentas ilhas
cobertas de pinheiros
registradas em madeira
na gravura de hiroshige

o azul e o cinza
impressos no papel
tingiam a paisagem
cem anos antes
de eu percorrer o porto

trago nos pulmões
o cheiro de maresia
que carrego para sempre
como um souvenir de conchas
comprado de uma velha artesã
numa lojinha à beira-mar

roubo as fotografias onde
minha família brinca
de colher água com um balde
olhos torcidos todos numa careta
feita de água areia e sal
temos contornos de uma felicidade
que eu já nem lembrava mais

MENBERSHIP
75

um povo sem memória

um povo sem memória
acredita que a história começou
na primeira alvorada filtrada
pelas fibras do algodão
erguido nas caravelas

não entende que as flores murchas
infestam a sala com cheiro de cemitério
porque construímos praças e jardins
em cima das valas comuns
dos povos esquecidos, os nossos

confunde ser bênção de deus
o lampejo no altar erguido com pedras
tiradas dos veios de sangue
ou tomadas dos templos demolidos
e do chão sagrado para outras fés

um povo sem memória
ama autoritários torturadores grileiros
banqueiros herdeiros latifundiários
mas odeia as mãos que escrevem
pintam dançam esculpem

não sabe chorar a falta
dos corpos desamarrados
sem vida dos paus de arara
jogados no meio do mar
onde se pula ondas no fim de ano

marcha por famílias sem lembrar do amor
por deus sem pensar na misericórdia
idolatra o eterno retorno
das tradições mortas
da força vendida
ao trabalho mal pago
das mulheres condenadas
a não ter corpo para chamar de seu

lembrem o povo sem memória
dos desaparecidos das avós presas no laço
dos cantos de povos calados
do nascimento das congadas

dos cortes nos dedos
dos peões de fábrica
dos calos e das feridas nas mãos
dos cortadores de cana
dos levantes e das revoltas
dos malês do contestado do araguaia

e que os cacos da história
são feitos para mosaicos
de lembranças resgatadas
não para espetar nos muros
das arquiteturas hostis
ou retalhar as cores das pinturas
ninguém mais perigoso para si mesmo
que o povo sem memória

réquiem (em memória às meninas que minha cidade deixou se afogarem)

se eu pudesse
baniria dor e medo
das mortes de todas as meninas
seus sentidos adormecidos
pela maciez de asas
feitas de pelúcia

toda forma de fisicalidade
seria vaporosa e flutuante
como a percepção alterada
pelo primeiro copo de champanhe
sorvido em segredo
num natal da infância

o ar frio das lagoas nunca seria
o leito de morte de nenhuma garota
tampouco deixaria que as descartassem
em ribeirões represados
para o saneamento básico
de cidades pequenas
que odeiam mulheres

elas repousariam em colchões macios
tamanho queen size
se tornariam miúdas
entre molas amortecidas
pela espuma pelas colchas

as almofadas de microfibra
os travesseiros antialérgicos
as fronhas de algodão limpo

suas pálpebras seriam acariciadas
pela semiluz doce
de um abajur cor-de-rosa
filtrada pelo mosqueteiro
em cascata do teto ao chão

jamais as abandonaria
a não ser que preferissem
a intimidade circunspecta
de estar só na última hora
tomar o tempo entre os dedos
e chamá-lo seu
como brinquedo de plástico
ou caderno espiralado de escola

mas se preferissem companhia
seguraria cada mão
e abraçaria seus corpos
os deixaria quentes
até o segundo final

elas não ouviriam o próprio arfar
e sim um dedilhar amoroso
num piano de cauda
ou sua música favorita
sussurrada baixinho
ao pé do ouvido

cantaria cirandas e fados
que minha mãe me ensinou

no caminho de volta pra casa
até a dormência dominar
ossos e cartilagens

sussurraria canções populares
das outras gerações
que ouviríamos juntas
no youtube

stay with me
mayonaka no doa o tataki
sleep pretty darling
do not cry

para falar a verdade
se dependesse de mim
nenhuma menina morreria
assassinada na água
mas deus não sou eu

fábricas

nas fábricas
sou uma existência condicionada
às linhas de produção
das memórias de curto prazo

elas bastam para eu decorar
a motricidade necessária
e exercer o controle de qualidade
para minimizar erros e acidentes

lá as lembranças são secas
têm poeira fria e metalizada
cheiram a plástico e aço
têm gosto de fibra óptica e graxa

dentro do uniforme azul
o corpo se transforma
em exoesqueleto
sou um escaravelho adestrado
a decorar instruções
e compassos mecânicos

sou eficiente o bastante
para operar parafusadeiras
testar fusíveis
encaixar fios
anêmicos de prazer e dor

não tenho afeto pelo consumidor
ou pela mercadoria final
encaixotada por mãos
operárias para as quais
não terá uso

meu corpo cria na marra
uma variante de imunidade
a ofensas ou pesares
a empurrões no ombro
e a gritos de rápido-rápido
que saltam dos pulmões
de chefes tão provisórios
quanto as peças nas máquinas
quanto a produção com defeito
quanto os modelos fabricados
na temporada passada

não sabem nem admitem
mas são tão substituíveis
quanto meus olhos míopes
quanto minhas luvas sujas
quanto minhas mãos operárias
quanto meu corpo estrangeiro

sozinha na sacada numa memória dos dias de janelas

1.

a chuva cai em sonoridades listradas
tudo é imobilidade menos a água
e corpos de clorofila estapeados por ela
o concreto resiste inerte
sob tintas e azulejos
as paredes inspiram altivez fingida
como se suas veias
não escurecessem de infiltração

muros têm orgulho
foram erguidos por humanos
e humanos às vezes são tolos

2.

um vulto rasga a paralisia
é uma freira
o preto e o branco
carregam o maniqueísmo
com que a moralidade
veste o corpo das mulheres
seus passos têm pressa
ela é a própria pressa

flagro uma interrupção
mundana do sagrado
o hábito recolhe outros hábitos
presos no varal
uma cena íntima de convento

depois de resgatar tecidos da chuva
ela volta para dentro
salvou roupas
agora vai salvar almas
mas não a minha

3.

já quis sublimar
amar ritos e incensos
mas as carnes sobram em minhas coxas
e o peso me prende onde piso
ao chão onde se faz dança vida e morte

quando leio os testamentos
minha simpatia vai toda para os fracos
somos fabricados da mesma água
somos feitos da mesma lama
só sinto paz em igrejas vazias
sobretudo na ausência
de seus hinos e seus santos

4.

a freira se vai com panos encharcados
os que lhe cobrem a cabeça
os que ela nina contra o peito
fico novamente comigo
sob o peso de estar só

há tanta gente no mundo
mas todos refugiados atrás dos muros
sou uma mulher tigrada pelas gotas
sem mais ninguém no raio de um quarteirão

mas respiro sons rajados de água
e o cheiro da clorofila espalmada
percebo que é o bastante
para encher o meu peito
e sentir na sola dos pés
a vibração de morte e vida
que sobe do chão molhado
uma lembrança da chuva

poesia:
matéria fugitiva

POR NATASHA TINET

Nunca senti a neve. Não sei como é pisar num tapete de gelo. Não sei como é sentir flocos caindo do céu direto na minha língua.

Tenho várias imagens à disposição na memória, geralmente de filmes natalinos estadunidenses. Mas foi no Japão que caiu a neve que Rafaela um dia tentou guardar na lata de café. O boneco de neve aparece desfigurado, o rastro molhado de lesma que ela ainda criança deixa ao entrar correndo pela casa. Pego emprestada essa memória e crio uma nova, uma imagem derivada da memória de Rafaela, porém essa imagem que se torna parte da minha memória é uma imagem que nem ela enquanto poeta consegue acessar.

Essa é a magia. Algo que acontece entre quem escreve e quem lê.

Se Rafaela pega emprestadas as memórias de sua família, quem lê faz um empréstimo do empréstimo. E colocamos tudo numa latinha. Deixamos rastros dessa fuga, mas ela evapora em algum momento e ninguém mais pode nos seguir. "os cristais de neve/ como as memórias e a água/ são formados/ por matéria fugitiva" (p. 35).

Os poemas também são matéria fugitiva. Os versos fluem em todas as formas de água. É piscina, rio, mar, saliva, chuva, lágrima, neve. Uma obsessão que recorre a todos os sentidos: cheiros de barro molhado, maresia, mexilhões e aguapés. Pele molhada, dedos que desejam afundar no cérebro aquoso. Água embrenhada nos ouvidos como um resto de mar dentro da concha. O gosto da melancia e do glutamato, o saquê que entorpece e faz esquecer. Câmeras em *fade in*: piscina comunitária, gelatina colorida, arrozais. Somente o trabalho nas fábricas gera memórias secas.

"têm poeira fria e metalizada/ cheiram a plástico e aço/ têm gosto de fibra óptica e graxa" (p. 93). O corpo condicionado de uma operária produz memórias de curto prazo, exige uma motricidade mecânica. São movimentos que em nada se assemelham à tessitura das fotografias familiares bordadas a mão pela artista Lucí A Guerra. O tecido azul da roupa operária se desmancha em linhas azuis e brancas, traços que seguem alinhavando o passado ao fio do presente.

No raso, acontece de atribuirmos à memória uma lembrança abstrata, um filme que passa dentro da cabeça. Mas a memória se manifesta no corpo para além dos cinco sentidos. Está na forma como reagimos aos nossos sentimentos mais primários.

Há uma técnica para acalmar o choro de um recém-nascido. É assim: você segura o bebê de lado, as costas dele tocando sua barriga e seu antebraço como apoio para a cabeça. Com a outra mão, você coloca o dedinho dele próximo à boca para que ele possa sugar. Enquanto balança e anda com ele no colo, começa a chiar em voz alta e ritmada:

SHUSH SHUSH SHUSH SHUSH...

Uma tentativa de simular o som do útero, do fluxo sanguíneo passando pelas artérias, a frequência dos líquidos em consonância com os batimentos cardíacos do corpo onde antes o bebê habitava. "navegar ao seu lado/ acalma nervos soltos/ desperta sensações residuais/ da vibração pantanosa/ da vida em útero/ o que habitei/ e o que me habita" (p. 12).

Eu, aos 36 anos, ouço o áudio "Som do útero INFALÍVEL para acalmar bebê" e sinto minha perna inquieta relaxar. Mesmo não conservando as lembranças primárias da nossa existência, esse "mistério mais impermeável que o futuro" (p. 15), acho que a memória do útero deve ser a primeira registrada em nosso corpo. Nossa primeira água.

Memórias de água é um livro escrito por uma mulher que quase morreu afogada num rio. Que atravessou oceanos de um país para outro. Que trabalhou parafusando peças. Que foi uma criança estrangeira. Que tem medo de desmemorar e, por isso, mergulha num trabalho de arqueologia subaquática. Somos convidados a explorar sua correnteza. Seguir os cavalos marinhos até sua morada. A água que existe em Rafaela evoca a água que existe em nós.

NATASHA TINET é escritora e artista visual. Seu livro de estreia, *Veludo violento*, conquistou o segundo lugar no Prêmio Fundação Biblioteca Nacional 2019. Em 2021, publicou os livros de poesia *Uma alegria difícil* e *Silêncio Bergman*.

sobre a autora

RAFAELA TAVARES KAWASAKI

Nasci em um território brasileiro de calor. Cresci em apartamentos japoneses construídos ao lado de cemitérios e arrozais com cantos de sapos. Hoje, durmo de janela aberta para um ninho de garças.

Comecei a escrever criança, em um caderno vermelho de capa dura. Primeiro, veio a ficção, depois, a poesia. Perdi esse caderno, como perdi os arquivos .doc da adolescência, e neles os esboços de narrativas que nunca terminei, mas que me assombravam no tempo dilatado das fábricas e na caminhada por ruas cortadas pelos trilhos de trem. Sempre quis contar sobre a vida de famílias e existências interiores.

Desde 2011, trabalho com a escrita – em jornais, agências e atividades de literatura. Meu primeiro livro, publicado em 2019 pela editora Patuá, chama-se *Enterrando gatos* e apresenta sete contos sobre pessoas sufocadas por seus presentes e passados. O segundo, *Peixes de aquário*, foi publicado em 2021 pela editora Urutau e é um romance em dois tempos sobre uma família de imigrantes japoneses no Brasil – o tempo do luto, dos nascimentos, do trabalho no campo, das violências, do amor e dos arrependimentos; o tempo do alagamento, do reencontro, dos rancores e da saudade.

Em Curitiba, descobri que o trabalho da literatura se faz na coletividade, integrando o coletivo Membrana. *Memórias de água* é meu primeiro livro de poesia. Enquanto ele nasce, escrevo outro, um romance, que é seu irmão de temáticas, ainda em concepção.

sobre a ilustradora

LUCÍ A GUERRA

Não sei escrever minibios. Então, sinto a necessidade de escrever sobre algo que ouço muito desde que escolhi outra grafia para o meu nome: "É assim mesmo? Lucí A? Com o A separado?". Sempre respondo "sim" enquanto guardo pra mim, em segredo, que Lucí A é um nome composto, que a letra A é meu segundo nome. Quando respondo "sim", quero responder que deixo ela separada do meu nome porque não a possuo totalmente e que eu podia ter escolhido outra letra, mas é a letra A que, no acordo da nossa língua, dá o gênero feminino aos substantivos.

A Água. A Terra. A Travesti. A Guerra. A Palavra. A Letra. A Escrita. Por ser travesti, conquistei a letra A. Conquistei? Não sei... Acho que a seduzi, que a enfeiticei, que me envolvi afetivamente com ela.

Enfim, o bordado chegou à minha vida em 2019, quando morei em Belo Horizonte. Comecei a bordar porque vivia uma solidão profunda por ter saído do estado onde nasci e cresci. Graças às linhas e às agulhas, hoje estudo a relação entre a escrita autoficcional, o bordado e os dispositivos para a criação artística em diferentes suportes. Esse estudo me permitiu um diploma de Pedagogia e também meu ingresso no Programa de Pós-Graduação em Educação da Universidade Federal do Paraná, onde hoje faço meu mestrado.

Por fim, uma pequena lista: gosto da cor azul. Gosto da sensação da agulha perfurando algo. Gosto mais dos avessos do que dos direitos. Gosto de lançar feitiços e sinto uma conexão profunda com o mar; às vezes, tenho a impressão de que vim de lá e de que talvez eu seja uma sereia.

1ª edição [2025]

Este é o livro nº 23 da Telaranha Edições. Composto em Bely, sobre papel pólen 80 g, e impresso em fevereiro do ano em que se comemoram 117 anos da imigração japonesa no Brasil.